4 Stratégies Puissantes Pour Vivre Du Web: Raccourcis Webmarketing Redoutables Et Prouvés Pour Devenir Riche Sur Internet En Un Minimum De Temps.

Copyright © 2016, Remy Roulier

TABLE DES MATIÈRES

INTRODUCTION. 4

STRATEGIE #1: LA STRATEGIE DES COULISSES CACHEES POUR TRIPLER VOS VENTES. 8

   I.1- Mise en place de la stratégie. 10

   I.2- Aller plus loin et acquérir des clients gratuitement. 20

STRATEGIE #2: LA STRATEGIE DU 10-10-5 POUR VENDRE UN PRODUIT AVEC QUASI-CERTITUDE. 23

   II.1- Mise en place de la stratégie : partie 1. 25

   II.2- Mise en place de la stratégie : partie 2. 34

STRATEGIE #3: LA STRATÉGIE DU CARRÉ MAGIQUE POUR VENDRE FACILEMENT DES PRODUITS À PRIX ÉLEVÉS. 38

   III.1- Présentation générale de la stratégie du carré magique. 39

   III.2- Mise en place étape 1 : Création de la page de capture. 41

   III.3- Mise en place étape 2 : Création des vidéos et des sections commentaires. 42

   III.4- Mise en place étape 3 : Ecrire la séquence d'emails. 44

   III.5- Mise en place étape 4 : Alimenter votre tunnel de vente. 47

STRATEGIE #4: LA STRATÉGIE DE L'ABONNEMENT ASTUCIEUX (OU COMMENT GAGNER UN MILLION D'EUROS EN 12 MOIS). 51

   IV.1- Gagner un million d'euros en 12 mois avec des abonnements, est-ce possible ? 52

   IV.2- Modèle d'abonnement n°1. 57

IV.3- Modèle d'abonnement n°2. 61

IV.4- Modèle d'abonnement n°3. 63

IV.5- Modèle d'abonnement n°4. 65

CONCLUSION. 68

A PROPOS DE L'AUTEUR. 70

CRÉATIONS DU MÊME AUTEUR. 71

INTRODUCTION.

Bienvenue dans ce livre de formation qui va vous montrer 4 stratégies redoutables, prouvées et extrêmement puissantes pour vivre du web.

Que vous soyez en train de faire vos premiers pas en ligne dans le monde magnifique du marketing Internet ou que vous souhaitiez décupler vos ventes en ligne et passer au niveau supérieur, ce livre va vous montrer des stratégies prouvées qui ont permis à de nombreux marketeurs de propulser leur business sur Internet, alors qu'ils stagnaient comme l'énorme majorité des gens cherchant à monter une activité en ligne et à gagner de l'argent sur le web.

En effet, vous accédez ici à 4 raccourcis extrêmement performants qui prennent parfois des années à découvrir, car ces pépites sont souvent fondues dans la masse toujours plus grande d'informations et manières de faire, dont la plupart se révèlent inefficaces.

L'énorme majorité des gens passe son temps à acheter de nombreuses formations sur le marketing Internet souvent de plusieurs centaines d'euros, puis perd un temps fou à les tester pour bien souvent se rendre compte qu'elles ne fonctionnent pas ou peu.

Le résultat est que beaucoup se découragent, et abandonnent.

S'il est essentiel de savoir persévérer pour faire fonctionner et adapter des stratégies qui ont fonctionné pour d'autres, il est en revanche inutile de s'acharner sur des stratégies qui ne fonctionnent pas et qui n'ont jamais fonctionné.

L'objectif de ce livre est donc d'aller droit au but, et de vous économiser ces années de recherches fastidieuses pour trouver ce qui fonctionne vraiment, de tâtonnements, de tests, et de grosses dépenses en formations qui se révéleront souvent inefficaces et ne vous rapporteront que des miettes.

Lorsque quelque chose fonctionne, il est en effet inutile de réinventer la roue, surtout dans le marketing Internet.

Il suffit juste de comprendre les stratégies, puis de les appliquer à son propre business pour obtenir les mêmes résultats impressionnants.

Voici donc les 4 stratégies redoutables que vous allez découvrir et pouvoir appliquer immédiatement pour enfin vivre du web et faire passer votre business au niveau supérieur :

Stratégie 1 :

Vous allez d'abord découvrir la stratégie des coulisses cachées qui va vous permettre de tripler vos ventes (et souvent bien plus) dès que vous l'appliquerez.

Stratégie 2 :

Vous verrez ensuite la stratégie du 10-10-5 qui vous permettra de vendre n'importe quel produit ou service avec une quasi-certitude.

Du moins, vous allez pousser vos chances de conversion à leur maximum.

Stratégie 3 :

La troisième stratégie est la stratégie dite du carré magique, qui va vous permettre de vendre facilement des produits ou services ayant des prix élevés, souvent de l'ordre de 500 à 2000 euros.

Stratégie 4 :

La quatrième stratégie est celle de l'abonnement astucieux. Elle va vous montrer comment le fait de gagner un million d'euros en 12 mois est tout-à-fait crédible si vous décidez de la mettre en oeuvre selon l'un des quatre modèles qui vous seront présentés.

Si ces stratégies sont redoutables et vont tout changer dans votre business en ligne si vous les mettez en pratique, notez que vous seul avez le pouvoir et la mission de les appliquer.

Sachez que selon que vous soyez débutant ou que vous ayez déjà une présence sur le web, elles pourront vous demander plus ou moins de temps, plus ou moins d'efforts à mettre en place.

Le but de ce livre n'est bien entendu pas de vous former techniquement, et si vous ne savez pas par exemple comment créer un blog ou un site ni comment mettre en place un auto-répondeur, il vous reviendra de vous mettre à niveau avec les nombreuses ressources fiables qu'il existe.

En revanche si vous avez déjà les notions de base du marketing Internet, alors vous pourrez facilement mettre en place ces stratégies en seulement quelques heures ou quelques jours.

Enfin, n'oubliez pas de persévérer et ne faites pas l'erreur de vous arrêter à la première difficulté comme le fait l'extrême majorité des gens.

Sachez aussi qu'on n'obtient rien sans un minimum d'efforts et de persévérance. Il ne s'agit que d'une illusion donnée par la société consumériste qui tend à pousser les gens à rechercher une récompense immédiate sans rien faire, alors qu'il faut d'abord semer si on veut récolter.

Une fois la ou les stratégies en place, faites donc en sorte d'améliorer ces stratégies en permanence jusqu'à ce qu'elles fonctionnent pour vous.

Vous verrez alors que votre business n'aura plus rien à voir avec les miettes que vous gagnez probablement aujourd'hui et la stagnation en ligne à laquelle vous faites peut-être face.

Passons tout de suite à la première stratégie.

STRATEGIE #1: LA STRATEGIE DES COULISSES CACHEES POUR TRIPLER VOS VENTES.

Cette première stratégie, bien qu'étant extrêmement efficace et simple à mettre en place, est étonnement peu utilisée.

Si vous la dupliquez comme expliqué, elle va vous apporter des résultats conséquents sur l'augmentation de vos ventes, que vous fassiez la promotion de vos propres produits ou services, ou de produits ou services d'affiliation si vous n'en avez pas à vous.

Elle a notamment rapporté pas moins de 100 000 euros sur une année à plusieurs travailleurs du web qui l'ont appliquée pour un produit d'information donné qu'ils ont créé dans leur thématique, et en seulement trois jours de travail.

Ces trois jours correspondent essentiellement au temps de création du produit et de la page de vente, et ils ont chacun réalisé entre 1500 et 4000 ventes de leurs produits.

Sa puissance n'est donc pas à sous-estimer et elle produit des résultats spectaculaires lorsqu'elle est bien comprise et bien mise en place.

Elle permet en effet de multiplier le prix de vente de votre produit par au minimum trois.

L'effet de levier peut aller bien évidemment bien au dessus et monter carrément jusqu'à dix.

Par exemple, imaginez que vous vendiez un produit à 17 euros qui est un prix très bas (en particulier s'il s'agit d'un produit d'information) et que vous planifiez par exemple d'en vendre environ 1000.

Vous pourriez-vous dire qu'au final ça ne va pas vous rapporter grand chose et que vous gagneriez bien plus à le mettre à un prix beaucoup plus élevé.

Grâce à la stratégie des coulisses cachées, vous allez pouvoir multiplier parfois par cinq ou dix le prix de ce produit.

On appelle ça la stratégie des coulisses cachées car tout se passe finalement en coulisses.

En effet, à l'inverse d'avoir besoin de recruter ouvertement du monde (par exemple en payant de la publicité Facebook) pour les envoyer sur des pages de capture et attirer plus de trafic, vous allez dans ce cas créer un produit et c'est ce produit qui va venir chercher de nouvelles personnes pour les rediriger ensuite vers vos différents produits.

Voyons voir concrètement comment cette stratégie se met en place.

I.1- Mise en place de la stratégie.

L'idée consiste à créer un produit avec le but qu'il apporte une énorme valeur pour un prix d'achat très faible.

Dans le cas d'un produit d'information, vous allez par exemple créer une formation de X vidéos qui permettent aux gens de résoudre un problème qu'ils ont dans leur thématique.

Vous allez rajouter dans cette formation beaucoup de valeur ajoutée et d'informations pertinentes, le tout pour un petit prix d'achat qui ne sera pas un gros frein psychologique pour acquérir le produit (par exemple 17, 27 ou 37 euros).

En plus de ça, vous rajoutez également une garantie satisfait ou remboursé par exemple de 30 jours.

Ainsi vous créez une offre irrésistible difficile à refuser pour ces trois raisons :

1- Le retour sur investissement que la personne va percevoir avec votre produit est infiniment plus grand (au minimum 5 fois) que le prix qu'elle va payer pour l'acheter.

2- Le faible prix d'achat enlève le frein d'un gros investissement (ce n'est pas plus cher qu'un restaurant ou que quelques verres dans un bar).

3- La garantie satisfait ou remboursé achève les dernières hésitations à essayer le produit car tout le risque est sur vous et plus sur le client.

Quelques exemples :

Exemple 1 :

Vous vendez une formation de marketing Internet à 37 euros : "7 façons de vous créer un revenu passif sur Internet".

Le retour sur investissement apparaît clairement puisque la formation peut vous rapporter des milliers d'euros, pour un prix d'achat dérisoire.

Exemple 2 :

Vous vendez une formation à 27 euros "Comment perdre 10 kilos en 3 semaines sans se priver de gâteaux."

Le retour sur investissement permet d'économiser le prix de nombreuses diètes coûteuses et inefficaces, d'économiser des efforts inutiles (et certaines personnes sont prêtes à payer cher pour ne pas avoir à les faire), ou des opérations coûteuses ou traitements onéreux liés à des problèmes de surpoids.

Exemple 3 :

Vous vendez une formation à 17 euros "Comment trouver l'âme soeur en 30 jours en 7 étapes simples".

Le retour sur investissement permet d'économiser par exemple des mois d'abonnement à des sites de rencontres à 39 euros le mois, des rendez-vous avec des agences matrimoniales à plusieurs centaines d'euros, de gagner des centaines d'heures passées en recherches infructueuses, ou encore de retrouver une confiance en soi qui à elle seule vaut tout l'or du monde.

Créez une offre respectant ces principes, et vous devriez normalement obtenir des taux de conversion très nettement supérieurs à ce qu'il est possible d'avoir autrement.

Par exemple, ce genre d'offre permet d'obtenir des taux de conversion de 15 à 20% sur la page de vente envoyée à une mailing liste (pour les marketeurs qui en possèdent une).

Autrement dit, en envoyant la page de vente à 100 personnes, il y en a en moyenne 15 à 20 qui vont acheter le produit.

Il faut savoir qu'un taux de conversion de 5% sur une mailing liste est généralement très bon. Ici, vous pouvez relativement facilement obtenir quatre fois plus.

Le taux de conversion est aussi démultiplié si vous faites de la publicité par exemple sur Facebook avec Facebook Ads, dans le cas où vous n'avez pas encore de liste ou d'audience.

Votre produit et la page de vente constituent votre vitrine. Mais la magie va maintenant se produire dans l'envers du décor, dans les coulisses.

Vous avez en effet réussi à attirer un maximum de personnes et à faire un maximum de ventes avec cette offre irrésistible.

Le problème, c'est que vous n'avez pas forcément gagné gros vu le petit prix que vous avez mis.

Par contre, vous avez par cette opération attractive acquis un maximum de clients et comme vous le savez peut-être, un client est en moyenne 10 fois plus susceptible d'acheter un autre produit qu'un prospect qui n'a jamais rien acheté chez vous.

En coulisses, vous allez donc au sein même de votre produit à bas prix, proposer aux gens d'acheter d'autres produits complémentaires.

C'est ce qu'on appelle une upsell, c'est-à-dire une vente additionnelle ou complémentaire que vous allez faire par exemple soit pour aller plus loin sur un aspect particulier d'une formation, soit pour obtenir des fonctions supplémentaires sur un logiciel.

La différence principale ici avec une upsell classique que vous connaissez probablement bien (et qui est largement connue) qui consiste à présenter une ou plusieurs offres juste après l'achat du produit, c'est qu'ici vous n'allez pas faire l'upsell directement après l'achat mais au contraire, vous allez faire l'upsell à l'intérieur du produit, une fois que celui-ci est en train d'être consommé par le client.

Reprenons les trois exemples précédents :

Exemple 1 :

Une fois que vous avez vendu la formation de marketing Internet à 37 euros "7 façons de vous créer un revenu passif sur Internet", vous pouvez rediriger à l'intérieur de ce produit les clients vers d'autres formations complémentaires.

Par exemple pour chacune des 7 façons, vous avez peut-être développé une formation plus spécifique qui permet d'aller plus loin par exemple à 67, 97 ou 127 euros.

Si l'une des sept façons détaillées concerne l'affiliation et que vous avez déjà en stock une formation complète sur l'affiliation, vous pouvez proposer aux clients qui veulent aller plus loin de découvrir votre autre formation à 97 euros qui va leur permettre de mettre en place ce modèle de business dans les moindres détails.

Exemple 2 :

Une fois vendue à 27 euros votre formation "Comment perdre 10 kilos en 3 semaines sans se priver de gâteaux.", vous pouvez proposer aux gens à l'intérieur de cette formation toutes sortes de produits complémentaires.

Par exemple, un logiciel à 67 euros de suivi de leur progression qui leur notifie automatiquement les actions à effectuer au cours de la journée et calcule les quantités à manger pour chaque repas.

Ou encore une formation à 87 euros sur de exercices de sport qui peuvent aider à aller encore plus vite ou avoir des résultats encore plus pertinents.

Il peut aussi s'agir de proposer des compléments alimentaires à 147 euros, ou une formation sur la manière de cuisiner sainement à 74 euros, etc.

Exemple 3 :

Après avoir vendu votre produit à 17 euros sur "Comment trouver l'âme soeur en 30 jours en 7 étapes simples", vous pouvez à l'intérieur de celui-ci proposer par exemple un abonnement à un service qui accélère encore plus la recherche.

Vous pouvez aussi proposer une formation à 87 euros qui répond au nouveau problème qui se pose une fois que la personne a réussi à trouver l'âme soeur.

Par exemple, le problème suivant est de s'assurer de conserver une relation passionnée durablement et éviter qu'elle ne la passion retombe au bout d'une semaine ou quelques mois.

Finalement, il y a une infinité de manières de proposer des produits complémentaires au sein même de votre produit initial à bas coût.

À vous de les trouver selon votre thématique, les produits que vous avez déjà créés ou en cherchant des produits d'affiliation que vous pouvez immédiatement utiliser pour l'occasion.

Bien entendu, il est essentiel que votre produit d'origine à bas coût propose une grande valeur ajoutée et que vos clients en soient vraiment satisfaits.

S'ils sentent que votre produit d'origine est uniquement là pour les faire passer sur d'autres offres, vous risquez d'avoir des demandes de remboursements qui vont exploser.

D'où l'importance que votre produit d'origine soit de grande qualité. Il sera ensuite tout à fait logique et légitime de leur proposer à l'intérieur d'autres offres sur lesquelles ils pourront basculer.

Ainsi si votre produit d'appel est de qualité et que les gens ont aimé ce qu'ils ont acheté, vous allez avoir un bon pourcentage des personnes qui passeront sur des offres supérieures.

Imaginez par exemple que vous n'ayez que 10% des gens qui ont acheté votre premier produit achètent un autre produit dont vous faites la promotion au sein du premier. L'exemple de 10% de conversion est un taux de pourcentage très faible car il s'agit désormais de clients, et le taux de conversion sur des clients est en général nettement plus élevé que des prospects comme on l'a évoqué précédemment.

Vous aurez donc probablement bien plus que 10% de conversion, c'est-à-dire bien plus que 10 personnes sur 100 qui vont basculer sur une offre supérieure.

Mais même avec 10% de conversion, si vous vendez 1000 exemplaires de votre produit d'origine à bas coût, vous allez quand même faire 100 ventes derrière avec une offre complémentaire beaucoup plus chère.

Ainsi si vous vendez 1000 exemplaires d'un produit à 17 euros et qu'ensuite seulement 100 personnes (10%) achètent un produit complémentaire à 400 ou 500 euros, ça fait des chiffres qui montent assez vite.

Dans cette stratégie des coulisses cachées, tout se joue vraiment dans la qualité de votre produit.

Il faut vraiment que vous apportiez une valeur énorme dans ce produit et il faut que lorsque la personne regarde la présentation du produit sur la page de vente, elle s'attende à un prix élevé.

Ainsi, vous allez chercher à apporter tellement de valeur dans votre vidéo de vente que la personne va s'attendre à payer par exemple 200, 300 ou 500 euros pour votre produit.

Et là vous lui annoncez le prix : 37 euros ou 27 euros !

La personne va alors trouver ça vraiment pas cher et intéressant, tout en voyant la garantie satisfait ou remboursé, et c'est comme ça que vous allez pouvoir avoir un gros taux de conversion derrière.

Ainsi si votre but est de vendre de l'information en ligne (par exemple des produits d'information), je vous conseille donc d'avoir à la fois des petites offres et des grosses offres.

En effet, si vous avez uniquement des petites offres à 37 ou 47 euros c'est bien, mais vous allez devoir créer constamment de nouvelles formations pour relancer toujours les gens et avoir toujours du mouvement.

Dites-vous bien que lorsque vous effectuez une vente à 500 euros, c'est comme si vous vendiez 10 produits à 50 euros.

Bien que vous aurez probablement plus de travail sur la création du produit en lui-même, vous n'aurez en revanche pas plus de travail à convaincre une personne d'acheter un produit à 500 euros que de convaincre 10 personnes à acheter un produit à 50 euros.

Vous aurez d'ailleurs généralement beaucoup plus d'efforts à fournir pour devoir convaincre 10 personnes d'acheter un produit à 50 euros qu'une seule à acheter un produit à 500 euros.

Par ailleurs, rappelez-vous qu'il ne sera pas forcément plus compliqué de créer un gros produit à 500 euros plutôt que 10 petits produits à 50 euros.

Une fois que ces gros produits seront créés, ils pourront travailler pour vous sur le long terme.

C'est donc vraiment intéressant d'avoir aussi bien des petits produits que des gros produits.

Ainsi, à l'intérieur de vos petites offres, vous pouvez renvoyer vers les plus grosses.

Encore une fois, cette stratégie vous est partagée ici car elle est redoutable et va vous permettre de faire un carton plein si vous l'utilisez.

Par ailleurs son autre énorme avantage est qu'il y a plein de clients qui ont déjà probablement vu vos grosses offres (par exemple une de vos formations à 500 euros) mais qui n'ont pas forcément les moyens ou qui n'ont jamais acheté une de vos formations car ils hésitaient à investir une si grosse somme.

En effet, ils ne vous connaissent peut-être pas assez et n'ont jamais gouté à la qualité de vos produits pour dépenser autant d'argent.

Puis un jour ils voient que vous sortez un produit à petit prix par exemple à 47 ou 27 euros (d'ailleurs, évitez d'aller au delà de 50 euros pour votre produit à petit prix pour utiliser cette stratégie).

Un jour ils voient ça, et ils se disent pourquoi ne pas essayer. Votre produit à l'air chouette et en plus il est satisfait ou remboursé.

Ils consomment votre produit, se rendent compte que l'information est de qualité et qu'ils ont appris plein de choses.

Ils vont alors tout de suite prendre confiance car désormais ils savent ce que vous pouvez leur apporter.

Cet effet va ainsi permettre de casser en eux certaines de leurs barrières psychologiques qui les freinaient jusqu'à présent à passer sur de plus grandes offres.

I.2- Aller plus loin et acquérir des clients gratuitement.

Pour aller encore plus loin, vous pouvez dans un second temps aussi utiliser cette stratégie pour faire de l'acquisition de clients gratuitement.

Pour ça, vous allez utiliser votre produit d'appel à bas coût en le proposant en affiliation.

En effet, votre stratégie étant basée sur le fait que 10 ou 20% des personnes vont passer sur une ou plusieurs grosses offres à vous situées à l'intérieur du produit, vous pouvez très bien trouver des partenaires d'affiliation qui vont faire pour vous la promotion de votre produit d'appel en leur donnant un pourcentage de commission très élevé, voire même en leur donnant 100% de commission.

Le pourcentage très élevé va permettre de convaincre un maximum de personnes à vouloir faire la promotion de votre produit d'appel, même si ce produit ne va pas en soi leur rapporter beaucoup par vente si vous l'avez mis à 17 ou 27 euros.

Mais la psychologie humaine est ainsi faite que les gens vont très souvent préférer faire la promotion en affiliation d'une petite offre mais avec 90% ou 100% de commission plutôt qu'une grosse offre avec 30 ou 40% de commission.

Et ce même si une grosse offre à 40% de commission leur rapporterait nettement plus à chaque vente qu'une petite offre à 100% de commission.

La raison est que beaucoup d'affiliés ne vont pas raisonner en termes de revenu potentiel, mais vont plutôt se dire qu'ils ne veulent pas que le créateur du produit prenne une si grosse partie de leurs ventes alors que ce sont eux qui font les efforts de promotion.

Vous avez donc tout intérêt à mettre une commission extrêmement élevée pour votre produit d'appel à faible coût, et même 100%.

Même si vous mettez 100%, cette méthode va avoir l'avantage de vous rapporter immédiatement des clients gratuitement qui entreront dans votre mailing liste.

Ensuite, soit ils basculeront sur vos plus grosses offres à l'intérieur de ce produit (ce qui est normalement le cas de 10 à 20% des gens) et c'est ainsi que vous générerez vos bénéfices, soit ils n'achèteront pas mais ils seront dans votre mailing liste et vous pourrez vous-même les démarcher régulièrement pour d'autres produits.

Et comme vous le savez, un client est dix fois plus susceptible d'acheter qu'un prospect.

Pour trouver facilement des affiliés, vous pouvez proposer aux clients qui ont consommé votre produit d'appel d'en faire la promotion en affiliation.

Vous pouvez aussi en parallèle mettre votre produit d'appel sur différentes plateformes d'affiliation qui reçoivent déjà un très fort trafic.

Les plus connues pour des produits digitaux (formations, logiciels, plugins, etc.) sont Clickbank, JVZoo ou 1TPE, cette dernière étant la principale plateforme francophone.

Pour terminer, vous pouvez aussi faire de l'achat de trafic ciblé directement sur Facebook avec Facebook Ads ou sur Youtube avec Adwords.

Si vous avez une page de vente qui converti bien, il y a vraiment moyen de faire les choses correctement et être rentable juste à l'achat du produit d'appel, sachant que derrière, même si vous n'avez que 10 ou 20% qui achètent vos offres élevées, votre revenu peut monter très vite et très haut.

STRATEGIE #2: LA STRATEGIE DU 10-10-5 POUR VENDRE UN PRODUIT AVEC QUASI-CERTITUDE.

Cette stratégie va vous permettre de vendre avec quasi-certitude n'importe quel produit ou service, que ce soit le vôtre ou un produit ou service en affiliation.

En effet, elle va vous permettre de relancer facilement un internaute par email plus de 20 fois sur l'achat d'une offre, tout en faisant en sorte que ce soit l'internaute qui soit en demande de ces relances et non pas qu'il les subisse.

Si vous avez une mailing liste et êtes familiers avec l'email marketing, vous savez probablement que la plupart des gens relancent leurs prospects avec des emails injustifiés.

Bien souvent, ils vont lasser leurs prospects avec des emails qui n'apportent aucune valeur ajoutée, du style "plus que 24 heures pour profiter de la réduction" ou "l'offre prend fin mardi matin".

Vous avez probablement vous-même reçu ce genre d'emails et vous savez le traitement que vous leurs infligez : droit à la poubelle.

Ici, chacun des emails va offrir au prospect une énorme valeur ajoutée et il va vraiment avoir envie d'ouvrir ses emails car les relances vont être expressément demandées par lui.

C'est donc une méthode très efficace pour pousser au maximum les chances de conversion avec 20 relances, puisqu'il faut savoir qu'un prospect achète un produit en moyenne après 8 relances.

Autrement dit, si votre produit est bon et intéresse votre prospect, vous allez le vendre avec quasi-certitude.

Cette stratégie va vous demander en moyenne une demi-journée à mettre en place.

Voyons voir comment vous pouvez la mettre en place concrètement.

II.1- Mise en place de la stratégie : partie 1.

La première partie de la stratégie va consister à répondre aux questions les plus probables et fréquentes que se posent vos prospects.

Admettons que vous soyez dans la thématique qui apprend aux gens comment monter son entreprise sur Internet.

Il y a plein de questions récurrentes que les gens se posent dans ce domaine.

Par exemple :

Quelle est la première étape ?

Quel statut choisir ?

Comment trouver ses premiers clients ?

Quel mode de paiement adopter ?

Comment être visible ?

Comment créer un produit ?

Etc.

Il y a plein de questions dans votre thématique qui vont revenir et qui sont récurrentes, sur lesquelles vous allez pouvoir apporter de la valeur.

Vous allez donc précisément répondre à 20 questions.

Les 10 premières questions :

Ce sont les questions les plus fréquentes que l'on vous pose dans votre thématique.

Si vous avez une thématique bien précise, listez les 10 questions qu'on vous pose le plus fréquemment (comment faire ceci, comment faire cela, pourquoi faire comme ça, etc.).

Les 10 questions suivantes :

Ce sont des questions que les prospects ne se posent pas forcément, mais dont la réponse leur apporterait une énorme valeur ajoutée.

L'idée est de trouver 10 de ces nombreuses questions que vous pourriez amener sur le tapis et que les gens ne posent pas forcément, mais dont la réponse pourrait beaucoup les intéresser.

Donc, listez maintenant 10 questions pour chacune de ces deux catégories.

Si vous ne trouvez pas 10 questions dans la seconde catégorie, vous pouvez très bien lister 15 questions dans la première et seulement 5 pour la seconde.

Ce n'est pas un problème, du moment que vous en avez 20 en tout.

Ensuite, votre but va être d'y répondre en apportant à chacune de vos réponses votre expertise et un maximum de valeur ajoutée.

Vous allez tourner vos 20 réponses en vidéo, avec chaque réponse qui ne dépasse pas une durée de 60 à 90 secondes.

Vous pouvez vous filmer en donnant votre réponse devant votre caméra, téléphone portable ou webcam.

Si vous ne voulez pas montrer votre visage, vous pouvez aussi faire un screencast.

Un screencast consiste à filmer votre écran d'ordinateur qui affiche par exemple votre réponse sous forme de fichier Powerpoint et à le commenter en utilisant le micro intégré de votre ordinateur ou un micro externe.

Il existe de nombreux logiciels de screencast dont les plus populaires sont Camtasia ou Screenflow.

Ce qui est essentiel, c'est que chaque vidéo ne dépasse pas la durée maximale de 60 à 90 secondes.

La raison est simple à comprendre : vu que vous allez envoyer 20 réponses à une personne, si vous vous étalez sur 15 ou 20 minutes dès la première réponse, il y a de grandes chances qu'elle n'aille pas jusqu'au bout de la vidéo.

Puis quand elle va recevoir une nouvelle vidéo par email de vous, elle ne va pas forcément avoir envie de cliquer car elle va savoir que ça va durer 10 ou 20 minutes, et vous allez tout simplement perdre du monde.

En revanche si vous faites des réponses hyper calibrées, hyper ciblées, qui apportent une bonne valeur, que vous avez préparé votre réponse avant, c'est juste génial pour les gens.

En effet, ce sont des questions auxquelles ils veulent vraiment une réponse, et vous leurs délivrez une super réponse en 60 à 90 secondes.

C'est pour cela qu'il faut un petit temps de préparation avant de filmer chaque réponse, pour savoir précisément ce que vous allez dire.

Ainsi si les réponses que vous apportez sont hyper ciblées et apportent une bonne valeur, il n'y a aucune raison pour que cette personne n'ait pas envie de continuer à voir les vidéos que vous leur enverrez les jours suivants.

Une fois vos réponses filmées, vous allez afficher la vidéo réponse à la question la plus demandée et ayant le plus d'impact : sur votre site, dans vos communications ou encore sur une page de capture d'emails.

Sur les 20 questions, vous allez donc prendre celle qui vraiment revient le plus souvent et majoritairement dans votre thématique.

Puis vous allez mettre votre vidéo réponse sur une page de capture spécialement créée, ou sur la page d'accueil de votre site web, ou encore dans vos communications.

Par exemple, vous pouvez créer un onglet d'inscription sur votre fan page Facebook avec pour titre "20 questions-réponses" et quand la personne clique dessus, elle arrive sur votre page de capture.

Si vous avez une chaîne Youtube, vous pouvez également mettre cette vidéo sur Youtube, ce qui va vous ramener du trafic puisque c'est la question qui est la plus fréquemment posée.

En guise d'appel à l'action, vous allez simplement demander l'adresse email de la personne dans le cas où elle souhaite recevoir les 19 autres réponses aux questions les plus posées dans le domaine auquel elle s'intéresse.

Si vous êtes sur Youtube c'est très simple.

Il suffit de dire aux gens de cliquer sur un lien dans la description ou sur une fiche pour pouvoir s'inscrire et recevoir les 19 autres réponses aux questions les plus posées.

Elles vont ensuite être dirigées vers une page de capture sur laquelle elles vont laisser leur adresse email.

Si vous êtes sur votre site web, il vous suffit de créer un formulaire pour capturer l'email.

Si vous créez une page de capture, vous faites de même. Mettez un formulaire d'inscription en dessous ou à côté de la vidéo. Ou bien, mettez un formulaire qui s'affiche si la personne clique sur un bouton en dessous ou à côté de la vidéo.

Cette dernière astuce s'appelle l'optin en deux temps et est redoutablement efficace, car la personne s'engage par une première action très simple qui consiste à cliquer sur le bouton. Elle a ainsi beaucoup plus de chances de finaliser son action en inscrivant ensuite son email dans le formulaire qui apparaît.

Au niveau de la technique si vous n'êtes pas à l'aise, il y a un grand nombre d'outils qui vous permettent de créer ce genre de pages de captures en quelques clics et sans compétences techniques, tels que Optimizepress, Learnybox, Leadpages ou encore beaucoup de plugins Wordpress.

Il vous faut bien entendu également un auto-répondeur qui va permettre d'envoyer automatiquement les différents emails aux personnes qui s'inscrivent.

Parmi les meilleurs auto-répondeurs, vous pouvez trouver Aweber, Getresponse ou encore iContact, mais il en existe beaucoup d'autres.

Le but de ce livre étant de vous exposer des stratégies et non pas de faire de vous des experts techniques, je vous invite à consulter directement les ressources citées (ou d'autres de votre choix) qui vous expliqueront parfaitement comment les installer.

Toutefois, posséder un auto-répondeur et créer une page de capture faisant partie des bases élémentaires du marketing Internet, vous avez très probablement déjà ces deux choses-là en place.

La phase suivante va consister à écrire et programmer la série d'emails qui sera envoyée à toute personne s'étant inscrite à votre mailing liste pour recevoir les 19 questions-réponses les plus posées.

Vous allez donc écrire et programmer un email par jour, avec un lien pour visionner la vidéo question-réponse.

Ainsi suite à son inscription, la personne va recevoir pendant 19 jours à la suite une vidéo de question-réponse par jour.

Au total, elle aura donc vu 20 questions-réponses, en comptant celle qu'elle a vue au moment d'inscrire son email.

Voici à quoi va ressembler votre page contenant votre vidéo réponse :

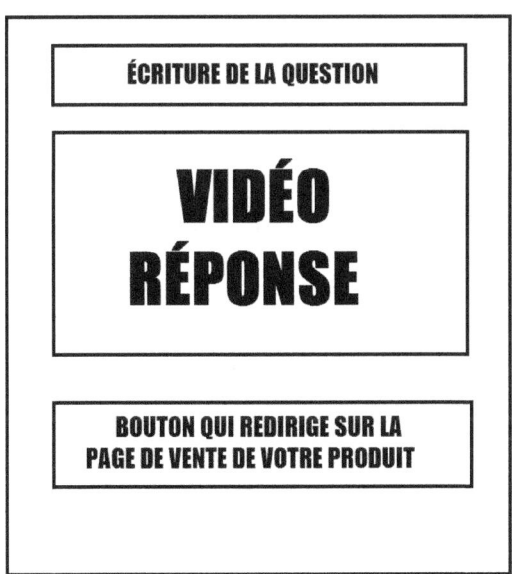

Vous écrivez d'abord la question. Puis vous insérez la vidéo réponse juste en dessous. Et enfin vous insérez un bouton qui va rediriger la personne sur la page de vente de votre produit. C'est tout.

Adaptez cette page à votre guise selon vos besoins.

Par exemple, vous pouvez très bien rajouter un deuxième bouton sous le premier pour afficher un numéro de téléphone ou pour rediriger vers une offre de coaching complémentaire.

Vous pouvez aussi rajouter du texte entre la vidéo et le bouton.

Par exemple :

"Pour aller beaucoup plus loin, cliquez sur le bouton ci-dessous :"

Ou bien :

"Si vous souhaitez aller plus loin, j'ai créé une formation qui vous permet de faire X et d'avoir Y. Cliquez sur le bouton ci-dessous pour voir la présentation :"

N'hésitez pas non plus à faire en plus cet appel à l'action directement à la fin de votre vidéo réponse (après avoir délivré votre réponse) en disant par exemple à la fin de la vidéo :

"Si vous voulez en savoir un peu plus et vous permettre de faire X et Y, j'ai créé un produit qui s'appelle Z. Vous avez un lien juste en dessous, je vous invite à cliquer dessus. Vous allez tomber sur la page qui va vous présenter l'intégralité du produit, et moi je vous retrouve dès demain pour la prochaine vidéo question-réponse."

Et le lendemain vous faites la même chose, jusqu'à écouler l'ensemble de toutes les questions-réponses.

Ainsi, la personne va être confrontée à votre produit quasiment 20 fois.

Vous avez donc presque 100% de chances que la personne aille voir au moins une fois votre produit si vous apportez des réponses de qualité, et un gros pourcentage de chances qu'elle se laisse convaincre au fur et à mesure de vos vidéos réponses d'acheter votre produit.

Cette stratégie du 10-10-5 permet donc de relancer une personne sans être lourd, puisque vous envoyez de la qualité et que vous lui envoyez les vidéos sur sa demande.

Voyons voir maintenant la deuxième partie de mise en place de cette stratégie.

II.2- Mise en place de la stratégie : partie 2.

Après avoir reçu vos 20 relances par email leur délivrant vos questions-réponses (ou 19 s'ils se sont inscrits en même temps qu'ils ont visionné la première question-réponse), voici la deuxième partie de mise en place ce cette stratégie.

Que les personnes aient acheté ou pas votre produit au terme de ces 20 relances, vous allez leur proposer le jour suivant un bonus dans un nouvel email (dans lequel vous pourrez aussi remettre le lien vers votre produit).

Par exemple, il peut s'agir d'un petit guide PDF de 3 ou 4 pages sur la manière d'appliquer telle ou telle méthode.

Il peut aussi s'agir de 5 vidéos questions-réponses supplémentaires, ou d'une vidéo tutoriel sur un sujet particulier, etc.

Alternativement (ou idéalement en plus) à ce nouvel email, vous pouvez aussi insérer sur la dernière page de vidéo réponse un deuxième bouton (ou un lien) qui permet de télécharger le bonus.

Ce deuxième bouton se situe juste en dessous du premier bouton (pour rappel, le premier bouton redirige sur la page de vente du produit).

Au dessus de ce deuxième bouton, vous pouvez même rajouter un texte du type : "Cliquez ici pour accéder à votre bonus", ou "Cliquez ici pour accéder à 5 nouvelles vidéos de questions-réponses", ou encore "Cliquez ici pour télécharger votre guide PDF pour apprendre à X ou Y.", etc.

Ainsi lorsque la personne clique sur ce deuxième bouton ou sur le lien envoyé dans votre nouvel email, elle va être redirigée vers une page qui ressemble à ça :

RECOMMANDER CETTE SÉRIE DE QUESTIONS-RÉPONSES À 5 AMIS :

EMAIL N°1 :

EMAIL N° 2 :

EMAIL N°3 :

EMAIL N° 4 :

EMAIL N°5 :

RECEVOIR MON BONUS

Pour recevoir son bonus, la personne devra recommander votre série de questions-réponses à 5 autres personnes. Le bonus se débloque alors uniquement si elle a rentré 5 adresses email valides (ce qui explique le "5" dans la stratégie 10-10-5).

Techniquement pour faire ça, il existe de nombreux plugins Wordpress qui fonctionnent très bien. Il vous suffit de taper sur Google "plugin recommandation Wordpress" et vous en trouverez une multitude.

D'une manière générale, sachez qu'il est toujours intéressant d'inciter les gens à recommander vos produits ou vos contenus.

C'est un moyen extrêmement efficace pour recevoir toujours de nouvelles personnes, en automatique et sans avoir besoin de faire de publicité.

Alternativement à demander des adresses emails, vous pouvez trouver d'autres moyens d'inciter les gens à recommander vos séries de questions-réponses.

Par exemple, vous pouvez utiliser le plugin Wordpress Social Locker qui permet de débloquer votre bonus si la personne partage sur sa page Facebook le lien de votre page de capture (qui contient pour rappel la première question-réponse la plus populaire).

Enfin pour terminer cette stratégie, vous pouvez optionnellement prolonger la séquence d'emails avec une relance par exemple le 25 ème jour.

Un type de relance qui fonctionne extrêmement bien consiste à demander dans le titre si les personnes ont des questions.

Par exemple : "Avez-vous des questions ?", "Posez-moi vos questions.", ou encore "En attente de vos questions."

Dans le corps de l'email, vous pouvez leur dire que vous avez remarqué qu'ils n'ont pas acheté le produit et vous vous vouliez savoir s'ils avaient des questions ou s'il y avait certains points qui n'étaient pas encore clairs pour eux.

Vous pouvez bien entendu profiter de ce dernier email pour remettre une dernière fois le lien vers votre produit.

Ce dernier email est très intéressant car il va vous donner de précieuses informations sur ce que les gens n'ont pas compris ou sur ce qui les freine encore à acheter votre produit.

Vous pourrez ainsi constamment améliorer votre séquence afin d'optimiser votre tunnel de vente.

Ceci termine la mise en place de la stratégie du 10-10-5.

C'est un système que vous pouvez également tout-à-fait alimenter avec du trafic payant.

Si par exemple vous avez un produit à 97, 147 ou 197 euros, il peut être très intéressant d'acheter du trafic.

En effet, beaucoup de gens seraient plus que friands de recevoir 20 questions-réponses qu'ils se posent dans votre thématique, et ils n'ont pas l'habitude de recevoir autant de valeur ajoutée avec 20 vidéos gratuites d'un seul coup.

Souvent, ils sont habitués à recevoir un ebook gratuit ou au maximum 3 ou 4 vidéos gratuites.

Il y a donc fort à parier que vous obtiendrez des taux d'inscription record et que votre publicité s'amortisse très rapidement grâce à votre tunnel de vente extrêmement puissant composé de plus de 20 relances.

STRATEGIE #3: LA STRATÉGIE DU CARRÉ MAGIQUE POUR VENDRE FACILEMENT DES PRODUITS À PRIX ÉLEVÉS.

Cette stratégie est relativement populaire auprès de nombreux marketeurs de part les résultats conséquents qu'elle permet de générer.

Il n'est pas rare de voir les marketeurs qui ont appris à l'utiliser générer des revenus d'un demi-million d'euros en quasi semi-automatique, et parfois bien plus.

Cette stratégie est parfaite pour vendre des produits ayant des prix élevés de plusieurs centaines d'euros.

Le constat est qu'on peut difficilement vendre sur Internet un produit ou un service de plusieurs centaines d'euros avec une simple page de vente vidéo.

C'est d'autant plus vrai si vous vendez des produits d'information.

Si la personne ne vous connaît pas et qu'elle se rend sur votre page de vente vidéo, il sera très difficile pour elle de dépenser plusieurs centaines d'euros pour acheter votre produit, et vous risquez d'avoir des taux de conversion très bas.

Avant de découvrir la mise en place de cette stratégie, en voici d'abord une présentation générale.

III.1- Présentation générale de la stratégie du carré magique.

La stratégie repose sur la création de 4 vidéos gratuites.

Les 3 premières vidéos vont apporter un maximum de valeur ajoutée sur un sujet donné, et la quatrième vidéo va être la vidéo de vente par exemple d'une formation pour approfondir le sujet.

Vous pouvez bien entendu utiliser ce modèle pour vendre soit un produit, soit un service ou encore un produit ou service en affiliation si vous n'avez pas le vôtre.

De plus, l'idée est d'avoir sous chaque vidéo une section commentaires et d'inciter un maximum de personnes à en laisser afin de les engager dans le processus et obtenir des résultats extrêmement élevés.

La quatrième vidéo sera reçue environ une semaine après l'inscription de la personne sur par exemple une page de capture qui lui propose de recevoir une série de 4 vidéos gratuites sur tel ou tel sujet.

En plus d'être très efficace pour vendre des produits à prix élevé, l'autre gros avantage de cette stratégie est qu'une fois que vous avez tout mis en place, la seule chose que vous avez à faire est simplement d'alimenter le système en trafic ciblé pour obtenir des conversions en automatique 24h/24h et 7 jours/7.

Voyons voir maintenant comment vous pouvez mettre en place cette stratégie de manière concrète, sachant que vous pouvez facilement la mettre en place en moins d'une semaine.

III.2- Mise en place étape 1 : Création de la page de capture.

La première étape de cette stratégie consiste à créer votre page de capture sur laquelle vous allez diriger les visiteurs pour capturer leur adresse email afin de leur envoyer vos différentes vidéos gratuites par la suite.

Vous devez donc en premier lieu réfléchir à la valeur que vous allez proposer sur cette page à donner aux gens en échange de leur adresse email.

Par exemple vous pouvez écrire sur cette page :

"Recevez 4 vidéos gratuites avec la méthode exacte qui m'a permis de faire X ou Y."

Sur la page de capture il est important de proposer un maximum de valeur pour que les gens ne résistent pas à l'envie d'inscrire leur email pour obtenir ce que vous leur proposez.

Et cette valeur sera ensuite délivrée par votre série de 4 vidéos qu'ils vont obtenir gratuitement.

III.3- Mise en place étape 2 : Création des vidéos et des sections commentaires.

Une fois que vous avez créé une page de capture irrésistible qui va pousser un maximum de monde à laisser leur adresse email, vous allez maintenant créer vos 3 vidéos de contenu ainsi que votre vidéo de vente, chacune bien entendu sur une page différente.

Le but est d'avoir dans vos différentes vidéos une continuité logique dans la séquence que vous allez créer.

Par exemple vous pouvez présenter vos résultats, votre histoire, le plan général des étapes de la solution qui vous a permis de réussir, ce que vous avez mis en place, les problèmes qu'ont les gens, les différentes solutions qui ne fonctionnent pas, etc.

Jusqu'à la quatrième vidéo dans laquelle vous allez proposer votre produit ou formation par exemple pour aller plus loin.

Ce que vous vendez si vous proposez des produits d'information, ce sont des résultats. La personne va avoir un changement dans sa vie, quel qu'il soit. Votre produit ou service va leur permettre de passer de leur état actuel A avec le problème qu'ils ont, à un état voulu B avec le problème résolu.

Puis sous chaque vidéo, vous allez créer une section commentaires en intégrant par exemple une zone de commentaires Facebook grâce à un plugin Wordpress.

Le but de ces sections est d'engager davantage la personne en la poussant à être proactive en mettant un commentaire.

En effet, si la personne regarde la première vidéo et laisse un premier commentaire, puis regarde la deuxième vidéo et laisse un deuxième commentaire, puis un troisième lors du visionnage de la troisième vidéo, alors elle va être nettement plus impliquée que quelqu'un qui se contente juste de regarder.

Elle sera alors beaucoup plus susceptible d'acheter votre produit lors de la quatrième vidéo (la vidéo de vente).

Ce que vous pouvez faire est de demander par exemple dans la troisième vidéo (la dernière avant la vidéo de vente) s'ils ont des questions et de les inscrire dans les commentaires.

Ça vous permet de répondre au fur et à mesure aux questions que peuvent avoir les gens.

De cette façon, non seulement vous les impliquez, mais en plus vous levez les éventuelles barrières qui pourraient les freiner à acheter votre produit.

III.4- Mise en place étape 3 : Ecrire la séquence d'emails.

Lorsque vos différentes pages et vidéos de contenus et de vente sont en place, vous allez maintenant écrire la séquence d'emails qui sera automatiquement envoyée aux gens par votre auto-répondeur après leur inscription.

Cette séquence qui va durer une semaine leur permettra d'accéder aux différentes pages créées à l'étape précédente.

Votre séquence peut ressembler à ça :

À l'inscription, vous leur envoyez immédiatement un premier email avec un lien vers votre vidéo n°1.

Deux jours après, vous leur envoyez un deuxième email avec un lien vers votre vidéo n°2.

Encore deux jours après, vous faites de même avec la vidéo n°3.

Puis deux ou trois jours après, vous faites pareil avec la vidéo n°4 (vidéo de vente).

Si vous le souhaitez, vous pouvez aussi relancer la personne pendant une à deux semaines après (il est inutile de le faire pendant des mois), ce qui fait que votre séquence d'emails comprendra environ 10 - 12 emails.

Une fois cette troisième étape terminée, ça y est, votre tunnel de vente est en place !

Encore une fois, vous pouvez facilement mettre en place un tel tunnel en moins d'une semaine, et ça vaut vraiment le coup.

Si vous vous contentez de vendre directement votre produit à prix élevé sans ce type de tunnel, vous pouvez perdre jusqu'à 80% de votre chiffre d'affaire, simplement parce que les gens ne vous connaissent pas et vous n'allez pas créer de confiance.

C'est vraiment une stratégie qui va permettre à la personne de vous connaître. De connaître votre expertise, vos résultats.

Un sentiment de confiance va s'installer progressivement au fil des vidéos qu'elle va suivre.

Le but dans cette séquence est donc vraiment d'être authentique et d'apporter un maximum de valeur.

Si vous faites ça et que vous apportez un maximum de valeur dans vos vidéos et êtes authentique, une relation de confiance va commencer à s'installer.

Inconsciemment la personne va se dire que si vous lui apportez déjà autant de valeur par des vidéos gratuites, votre produit ne peut qu'être excellent.

Elle sera alors extrêmement plus susceptible de l'acheter que si vous lui lanciez directement la page de vente à la figure.

Encore une fois, cette stratégie fonctionne extrêmement bien ce qui explique pourquoi elle est si populaire.

Je vous recommande donc vivement de la tester, même si votre premier tunnel de vente n'est pas parfait.

Vous saurez l'améliorer progressivement pour augmenter petit à petit votre taux de conversion.

III.5- Mise en place étape 4 : Alimenter votre tunnel de vente.

Une fois que vous avez votre page de capture en place, vos différentes vidéos en place et votre séquence d'emails, votre tunnel de vente est donc prêt et il ne reste plus qu'à l'alimenter.

Ce qui est génial avec un tunnel de vente, c'est qu'une fois que vous avez un tunnel qui converti bien et que vous arrivez à l'alimenter par la publicité en gagnant par exemple 2 euros pour 1 euro dépensé, alors votre tunnel s'auto-alimente et vous gagnez de l'argent en mode automatique.

Votre tunnel va donc s'auto-alimenter grâce à des campagnes de publicités que vous allez mettre par exemple sur Adwords pour qu'elles s'affichent sur Youtube ou Google, ou sur Facebook Ads pour qu'elles s'affichent sur Facebook.

Ainsi, non seulement vous gagnez de l'argent automatiquement mais vous faites aussi grossir votre liste d'emails.

Vous pouvez alors relancer régulièrement les personnes de cette liste (qu'elles aient acheté ou pas votre produit) pour leur proposer d'entrer dans d'autres tunnels de vente ou leur proposer d'autres produits avec un prix moins élevé.

Un autre moyen d'alimenter votre tunnel de vente hormis la publicité est de créer du contenu sur différents supports (Facebook, Youtube, votre blog, LinkedIn, Instagram, Pinterest, Snapchat, etc.) qui va rediriger les gens directement sur la page de capture de votre tunnel de vente grâce à un lien ou un bouton.

Ceci termine la stratégie du carré magique.

Voici un schéma qui résume cette stratégie :

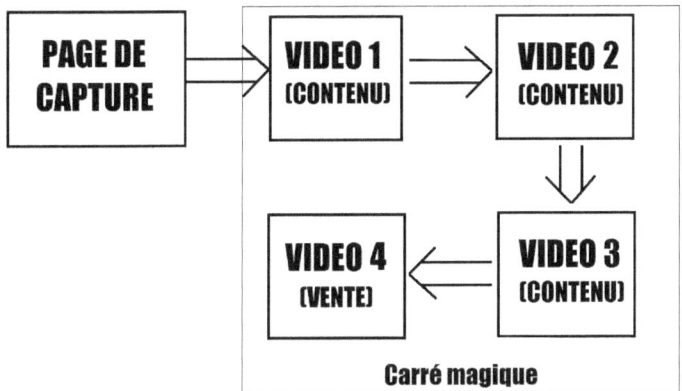

Vous envoyez donc du trafic sur la page de capture que vous avez créée à l'étape 1.

La personne inscrit son adresse email sur cette page pour recevoir votre série de 4 vidéos gratuites.

Elle est alors immédiatement redirigée sur votre première vidéo de contenu et reçoit en parallèle votre premier email de la séquence programmée sur votre auto-répondeur.

Ensuite avec votre auto-répondeur, elle va recevoir deux jours plus tard votre deuxième email avec le lien vers la deuxième vidéo.

Puis encore deux jours plus tard votre troisième email avec le lien vers la troisième vidéo.

Et enfin deux ou trois jours plus tard le quatrième email avec le lien vers la quatrième vidéo qui sera la vidéo de vente.

C'est d'ailleurs pour ça que cette stratégie porte le nom de carré magique, car vous la faites rentrer dans un tunnel de vente composé de quatre vidéos qui vont opérer une vraie magie sur vos taux de conversion.

Bien entendu, vous pouvez adapter selon vos besoins cette stratégie.

Vous pouvez très bien composer ce tunnel de vente de trois vidéos avec par exemple deux vidéos de contenu et une vidéo de vente, ou encore seulement de deux vidéos avec une vidéo de contenu et une de vente, ou quatre ou cinq vidéos de contenu et une vidéo de vente.

C'est à vous de jauger cela, sachant que le modèle le plus populaire est celui composé de quatre vidéos.

STRATEGIE #4: LA STRATÉGIE DE L'ABONNEMENT ASTUCIEUX (OU COMMENT GAGNER UN MILLION D'EUROS EN 12 MOIS).

Cette stratégie va vous montrer comment gagner un million d'euros en vendant des abonnements, en l'espace de seulement 12 mois.

La promesse semble forte, mais vous allez voir que lorsqu'on rationnalise les choses et qu'on découpe quelque chose qui paraît impossible en petits objectifs, on se rend compte que tout devient possible.

Vous allez également découvrir 4 modèles d'abonnements que vous pouvez utiliser pour mettre en place cette stratégie dans votre thématique.

Il y a de très grandes chances que vous puissiez utiliser au moins un de ces modèles dans ce que vous faites actuellement.

IV.1- Gagner un million d'euros en 12 mois avec des abonnements, est-ce possible ?

Vous allez voir ci-dessous deux façons de gagner un million d'euros.

Cette somme peut sembler pour beaucoup d'entre vous impossible à atteindre, mais vous allez vite vous rendre compte que ces limitations sont essentiellement psychologiques.

L'être humain a en effet tendance à voir uniquement la différence entre la somme finale d'un million d'euros et l'état actuel de ses finances.

Du coup, s'imaginer passer de son état actuel à un million d'euros d'un seul coup représente une marche gigantesque brusque impossible à franchir.

En revanche lorsqu'on découpe cette énorme marche en une séquence de toutes petites marches qu'on monte petit à petit, les choses deviennent beaucoup plus limpides, rationnelles et surtout moins impressionnantes.

Première façon de gagner un million d'euros

Voici la première façon de gagner un million d'euros, en vendant un produit simple, sans abonnement.

Gagner un million, c'est en effet :

- Vendre un produit de 200 euros à 5000 personnes.

- Vendre un produit de 500 euros à 2000 personnes.

- Vendre un produit de 1000 euros à 1000 personnes.

- Vendre un produit de 2000 euros à 500 personnes.

- Vendre un produit de 4000 euros à 250 personnes.

En découpant les choses de cette manière, gagner un million d'euros devient tout de suite pour votre cerveau quelque chose d'acceptable et d'atteignable.

Par exemple en vous demandant si vous êtes capable de créer un produit à 1000 euros (comme par exemple de nombreux produits d'information qui existent et même vendus bien plus cher), la réponse est très certainement oui.

Puis en vous demandant si vous êtes capables de trouver 1000 personnes pour acheter ce produit à 1000 euros. Sachant qu'il y a 7 milliards d'être humains sur la planète, la réponse est très probablement oui également.

Vous êtes donc bien capable de créer un produit à 1000 euros que vous allez vendre à 1000 personnes. Et si vous faites ça, le résultat est que vous allez gagner un million d'euros.

Bien évidemment si ce n'est pas un produit digital mais un produit physique, vous gagnerez la marge que vous ferez entre le prix de vente et le prix de fabrication ou d'achat.

En revanche s'il s'agit d'un produit digital comme par exemple un produit d'information, vous n'avez aucun coût de fabrication et donc votre prix de vente est égal à votre bénéfice net.

Cette façon de gagner un million d'euros est celle en vendant un produit en one shot, c'est-à-dire en un coup.

Maintenant, regardez ce qui se passe lorsqu'on vend à la place des abonnements.

Deuxième façon de gagner un million d'euros

Gagner un million d'euros avec un abonnement revient à :

- Vendre un abonnement de 17 euros/mois à 5000 personnes pendant 12 mois.

- Vendre un abonnement de 42 euros/mois à 2000 personnes pendant 12 mois.

- Vendre un abonnement de 83 euros/mois à 1000 personnes pendant 12 mois.

- Vendre un abonnement de 167 euros/mois à 500 personnes pendant 12 mois.

- Vendre un abonnement de 333 euros/mois à 250 personnes pendant 12 mois.

Dans la première façon de gagner un million d'euros en vendant un produit, il fallait par exemple vendre un produit à 200 euros à 5000 personnes.

Dans cette deuxième façon, il suffit de vendre un abonnement de 17 euros/ mois pendant 12 mois à ces mêmes 5000 personnes.

Vous avez alors nettement plus de chances de convaincre une personne de payer 17 euros/mois pendant 12 mois que de payer d'un seul coup 200 euros.

Pourtant, le résultat est exactement le même et permet de générer un million d'euros.

Si maintenant on prend 1000 personnes qui payent 83 euros/mois, ça reste également une somme abordable pour la plupart des gens.

Et si vous trouvez 1000 personnes qui s'abonnent à 83 euros/mois pendant 12 mois, vous produisez aussi un million d'euros.

Et il en est de même pour 500 personnes qui payent 167 euros/mois durant un an. Il ne s'agit pas non plus ici de chiffres hallucinants. Il faut certes trouver ces personnes, mais on parle ici seulement de 500 personnes ce qui est une poussière.

Si vous avez un bon service à proposer, vous allez sans problème trouver 500 personnes et vous allez même trouver des milliers de personnes sans problème.

Vous allez maintenant voir 4 modèles d'abonnements que vous allez pouvoir vendre, et comment ne pas devenir esclave de votre abonnement.

En effet si votre modèle d'abonnement est mal conçu, vous pouvez rapidement en devenir esclave et perdre ainsi en liberté.

IV.2- Modèle d'abonnement n°1.

Ce premier modèle est le plus connu de tous : il s'agit du service à abonnement.

L'avantage de ce modèle est qu'il ne vous demande aucun travail supplémentaire en termes de création de contenu une fois le service créé (mis à part les éventuelles évolutions pour faire évoluer et faire la maintenance de ce service).

L'idée consiste à créer un service en ligne, que l'on peut généralement utiliser en payant un abonnement mensuel.

Vous pouvez par exemple créer ce type de service sous forme d'application web ou «web app». Il s'agit de logiciels qui s'exécutent uniquement à partir de votre navigateur Internet.

Vous pouvez ainsi proposer toutes formes de services en rapport avec votre thématique.

Par exemple un service pour optimiser l'organisation de son agenda, faire une séance de brainstorming de manière collaborative avec plusieurs collègues dans différentes villes ou pays, créer un mind mapping, convertir un fichier en un autre format, trouver les moyens de transport les moins chers entre deux villes européennes, créer ses factures, faire du montage vidéo avec des effets professionnels, mettre en relation des personnes selon certains critères, etc.

Voici quelques exemples de sites proposant des applications web :

Bubbl.us (https://bubbl.us/)
Bonne Facture (http://www.bonnefacture.com)
Online-Convert (http://www.online-convert.com)
Dropbox (https://www.dropbox.com/)

Pour réaliser une telle application web, vous pouvez soit le faire par vous-même si vous maîtrisez la programmation en javascript, soit passer par un développeur professionnel qui la réalisera pour vous selon vos spécifications.

Si vous souhaitez réaliser votre application web par vous-mêmes, il existe un service intéressant de Google qui vous permet de le faire, il s'agit de Google Apps Script : (http://script.google.com).

Vous pouvez également trouver des bons développeurs à des prix abordables, notamment dans des places telles que Elance (www.elance.com) ou Codeur (www.codeur.com).

Le site Fiverr (www.fiverr.com) peut aussi s'avérer excellent niveau rapport qualité/prix et vous pouvez trouver en cherchant un peu un développeur qui peut vous réaliser votre application web pour seulement quelques euros ou dizaines d'euros.

Avant de vous lancer dans la réalisation d'une application web, étudiez bien votre marché pour savoir quel type d'application peut cartonner.

Une excellente stratégie réside dans le fait de regarder les applications web qui fonctionnent bien à l'international et d'en créer une pour l'adapter au besoin du marché francophone.

Les facteurs clés de succès pour une application web sont assurément le design, l'ergonomie et la simplicité d'utilisation.

Soignez donc au maximum le design quitte à faire appel à un designer professionnel, et faites en sorte que votre application web soit agréable à utiliser et conviviale.

Par ailleurs, faites-là aussi intuitive que possible avec des actions simples et évitez à tout prix l'effet «usine à gaz».

Enfin, pensez à votre stratégie de prix dès la conception, en proposant par exemple différentes offres qui donneront accès à plus ou moins de fonctionnalités, et pourquoi pas une version basique gratuite qui captera l'intérêt de vos futurs clients et leur permettra de se familiariser avec l'interface.

Vous avez une également une multitude d'autres d'entreprises qui fonctionnent ainsi sous forme de services : Aweber, Shutterstock, Netflix, Vimeo, etc.

Bien entendu, plus le service est gros plus il demandera des opérations de maintenance et d'évolution, mais avec un service en ligne, vous n'aurez pas besoin de créer sans arrêt du nouveau contenu.

Une fois que votre service est créé, les gens décident de s'abonner pour en profiter, et n'ont plus accès au service une fois qu'ils se désabonnent.

Ce premier modèle peut donc être très intéressant.

En effet, si votre service est connu, qu'il commence à plaire et qu'après quelques campagnes de publicité vous avez plusieurs milliers de personnes qui arrivent et s'inscrivent sur votre service, vous pouvez très vite grossir et éventuellement commencer à recruter une équipe pour faire grandir le service.

IV.3- Modèle d'abonnement n°2.

Le deuxième modèle est la création de contenu.

L'idée est de proposer un nouveau contenu sur un sujet spécifique tous les X jours.

Le gros avantage de ce modèle est qu'il est probablement le plus simple à mettre en place d'un point de vue technique.

Vous n'avez en effet pas besoin de programmeurs pour développer un service mais uniquement de créer du contenu qui ne demande que d'écrire, de parler, de vous filmer ou de filmer votre écran d'ordinateur.

En revanche, il est vite possible de devenir esclave de ce modèle, avec l'obligation de créer sans cesse du nouveau contenu.

Il peut donc rapidement devenir une contrainte et vous faire vous sentir prisonnier si vous n'étudiez pas les responsabilités qu'il implique.

Lorsque vous mettez ce modèle en place, vous pouvez soit :

- Donner à la personne qui s'abonne uniquement accès au contenu du jour, de la semaine ou du mois selon la fréquence de contenu que vous voulez délivrez. La personne abonnée n'a alors pas accès aux contenus antérieurs à son abonnement.

Par exemple, vous proposez un abonnement mensuel à 27 euros/mois où toutes les semaines, la personne va recevoir 3 nouvelles vidéos sur un sujet donné. La personne reçoit alors les vidéos uniquement à partir de la date de son abonnement.

- Donner à la personne qui s'abonne accès au contenu du jour, de la semaine ou du mois, ainsi qu'à tous les contenus qui existent depuis la création de votre abonnement. Dans ce cas, la personne a aussi accès à tous les contenus délivrés avant son abonnement.

Par exemple, vous proposez un abonnement mensuel à 67 euros/mois où vous délivrez une nouvelle formation chaque semaine dans votre thématique. Dès qu'elle s'abonne, la personne reçoit vos nouvelles formations ainsi que toutes les formations déjà créées depuis la naissance de votre plateforme d'abonnement.

Concernant la fréquence pour délivrer vos contenus, évitez de trop vous emprisonner en annonçant des jours précis et en disant par exemple que les contenus seront délivrés tous les mardis, jeudis et samedi à midi.

Préférez être plus général et annoncez à vos abonnés qu'ils recevront un nouveau contenu ou plusieurs nouveaux contenus toutes les semaines ou tous mois, mais sans donner d'instants trop précis.

Vous gagnerez ainsi en flexibilité.

IV.4- Modèle d'abonnement n°3.

Le troisième modèle d'abonnement s'applique si vous avez déjà produit du contenu auparavant.

Il consiste à créer un abonnement qui va livrer au compte-gouttes le contenu que vous avez déjà créé.

Ce modèle peut être très intéressant car non seulement vous n'avez pas de contenu supplémentaire à créer, mais vous allez en plus vous servir du contenu que vous avez déjà créé pour mettre en place un abonnement et donc obtenir des rentrées d'argent en vous servant du travail que vous avez déjà effectué.

En plus comme pour le modèle précédent, il est très simple à mettre en place techniquement et ne demande pas d'investir dans des programmeurs.

L'idée dans ce modèle est que chaque personne qui s'abonne va recevoir le même contenu en premier, quel que soit le moment de l'année où elle choisi de s'abonner.

Ainsi, une personne qui s'abonne début mars recevra la même séquence de contenu qu'une autre qui s'abonne fin octobre (à l'inverse du modèle précédent où la personne qui s'abonne a accès au contenu délivré dans le mois en cours).

Voici quelques exemples d'utilisation de ce modèle.

Exemple 1 :

Admettons que vous avez créé dans le passé de nombreuses formations à petit prix.

Vous pouvez alors leur dire qu'ils recevront telle et telle formation le premier mois, puis telle et telle formation le deuxième, etc., en sélectionnant par exemple des formations qui se rejoignent sur un thème donné.

En fonction de la quantité de contenu que vous avez déjà en stock, vous pouvez alors voir comment sélectionner les différents contenus que vous avez pour créer par exemple un abonnement sur un thème donné sur 4 mois, 6 mois, 1 an ou plus.

Exemple 2 :

Admettons que vous avez vendu par le passé un gros produit de formation à coût élevé, par exemple à 1000 euros, et composée de 20, 40 ou 60 différents modules sous forme de vidéos.

Vous pouvez leur proposer de s'abonner et de recevoir tous les mois ou toutes les semaines un ou plusieurs modules de la formation que vous avez créée.

De la même manière, cet abonnement peut durer jusqu'à temps que la totalité des modules de votre formation soit écoulée.

Ce modèle est donc plutôt intéressant puisque vous proposez une nouvelle offre avec du contenu que vous avez déjà.

IV.5- Modèle d'abonnement n°4.

Le quatrième modèle consiste à proposer par exemple un abonnement de coaching individuel ou de groupe.

Par exemple vous pouvez créer un club privé au sein duquel les abonnés vont accéder à deux webinaires en groupe chaque mois, ainsi qu'à une heure de coaching en individuel par skype.

Les webinaires peuvent avoir comme but de répondre à toutes les questions des gens, en précisant que les personnes non présentes pourront bien entendu accéder à l'enregistrement ultérieurement.

Le coaching individuel peut avoir comme but de traiter de manière plus personnelle les problématiques spécifiques des gens.

Bien entendu si vous choisissez de proposer une heure de coaching individuel dans ce modèle, vous serez à un moment limité par le nombre d'abonnés.

Il vous sera en effet difficile d'en prendre par exemple 300, ce qui supposerait que vous libériez 300 heures par mois de votre temps.

En revanche, vous pouvez très bien proposer en alternative une formule avec 2 webinaires par mois avec tous les abonnés, et un skype privé avec des petits groupes de dix personnes dans lequel vous parlerez davantage de leur business.

Cette formule peu être une bonne alternative pour prendre davantage d'abonnés.

Il y a plein de solutions possibles dans le coaching et vous pouvez définir vos propres règles.

Si aujourd'hui vous faites du coaching ou envisagez de le faire, ce quatrième modèle est donc extrêmement efficace.

L'autre gros avantage est qu'avec une formule de coaching les gens sont prêts à payer beaucoup plus que 27 ou 37 euros par mois.

Par exemple vous pouvez mettre en place une formule de coaching à 100 euros par mois.

Les gens pourront en général la payer sans problèmes, surtout si vous avez une bonne offre derrière.

Vous pouvez même mettre en place ce genre de formule en complément de votre activité principale.

Imaginons que vous ne preniez que 20 personnes dans votre abonnement, ça vous fait déjà 2000 euros de plus chaque mois et 24 000 euros à l'année, pour donner par exemple deux webinaires de 1h30 chacun et un skype privé d'une heure pour chaque groupe de dix personnes, soit en tout 5 heures de travail par mois supplémentaire.

Il y a toujours des solutions à trouver pour optimiser ce que vous faites et gagner davantage d'argent de votre activité.

Enfin, le dernier avantage des abonnements est que ça va vous permettre de réaliser plus facilement des prévisions sur les rentrées d'argent que vous allez avoir pour les mois à venir, contrairement aux ventes de produits unitaires.

CONCLUSION.

Vous venez de découvrir 4 stratégies redoutables et puissantes pour vivre du web.

Vous avez d'abord vu la stratégie des coulisses cachées qui vous permet de tripler les ventes de vos produits et services, et d'aller souvent bien au delà.

La deuxième stratégie du 10-10-5 que vous avez découverte est extrêmement efficace pour pousser à son maximum vos taux de conversion et vous donner toutes les chances de vendre votre produit et service.

La troisième stratégie du carré magique est quant à elle parfaite si vous souhaitez vendre des produits à prix élevés.

Enfin la quatrième stratégie vous permet de mettre en place une formule à abonnement qui peut propulser très rapidement vos revenus.

Pour chacune de ces stratégies, il vous a été expliqué comment vous pouviez la dupliquer facilement et rapidement.

Il est maintenant temps si ce n'est pas encore fait de regarder la ou les stratégies que vous pouvez mettre en place dans votre business.

Il y en a forcément au moins une qui peut fonctionner pour vous, quel que soit votre activité et votre thématique. Et souvent on y réfléchissant bien, vous pouvez très probablement implémenter les quatre.

Et même si vous n'avez pas encore de produit ou de service actuellement, vous pouvez utiliser des produits ou services qui existent déjà en affiliation.

Si vous appliquez ne serait-ce qu'une de ces stratégies, vous pouvez littéralement changer votre business et le propulser à un niveau que vous n'imaginiez même pas.

Ces stratégies peuvent même être utilisées en complément de votre activité actuelle, comme on l'a vu avec les abonnements où certaines formules ne vous demandent que très peu de temps d'investissement et de travail supplémentaire.

Je vous souhaite donc tous mes voeux de succès dans l'application de ces stratégies puissantes qui vont vous permettre non seulement de vivre du web, mais d'obtenir des résultats que bien des gens qui n'ont pas eu accès à ces informations vous envieront.

A PROPOS DE L'AUTEUR.

Rémy Roulier est un ancien ingénieur informatique et responsable marketing dans une multinationale.

Il est aujourd'hui auteur best-seller, digital nomad et voyage partout dans le monde, ayant acquis depuis plus de dix ans une véritable expertise dans le marketing internet et le développement personnel.

Il partage aujourd'hui ses outils et son expérience pour permettre aux autres d'atteindre également leur indépendance financière et de façonner leur vie telle qu'ils la désirent vraiment.

CRÉATIONS DU MÊME AUTEUR.

Voici aussi quelques autres de mes créations qui peuvent vous servir sur la même thématique :

DEVENIR RICHE EN 42 JOURS:
LA METHODE PAS-A-PAS POUR.GAGNER DE L'ARGENT SUR INTERNET ET VIVRE SES REVES EN PARTANT DE RIEN.
Une méthode prouvée qui vous guide pas-à-pas et vous permet d'atteindre votre indépendance financière en 42 jours grâce à Internet, même si vous démarrez actuellement de rien. Un must à ne pas manquer.

ECRIRE UN EBOOK IRRESISTIBLE EN UN WEEK-END:
LA NOUVELLE METHODE POUR ECRIRE UN LIVRE QUE LES LECTEURS ADORENT, PRET A VENDRE LUNDI MATIN.
Laissez-vous guider par une procédure simple et d'une efficacité redoutable pour créer en seulement un week-end un ebook que les gens vont s'arracher, même si vous n'êtes pas expert dans un domaine.

ECRIRE UNE PAGE DE VENTE HYPNOTIQUE:
54 MINUTES CHRONO POUR ECRIRE FACILEMENT UN ARGUMENTAIRE DE VENTE FASCINANT ET VENDRE SUR INTERNET COMME UN PRO DU COPYWRITING HYPNOTIQUE.

Une méthode clés-en-main pour écrire facilement une page de vente hypnotique, et en seulement 54 min. Bien plus puissante que le copywriting ordinaire, utilisez-là pour "forcer" vos clients à acheter vos produits en les plongeant dans un état de transe hypnotique.

CREER UN SITE WEB LUCRATIF EN 4 SEMAINES:
LA FAÇON LA PLUS RAPIDE DE CRÉER UN BLOG OU SITE INTERNET RENTABLE EN PARTANT DE ZÉRO.

Découvrez la façon la plus rapide et simple de créer un site ou blog qui vous rapporte entre 5000 et 10000 euros par mois en partant de rien. Une méthode pas-à-pas qui vous guide en 5 modules vers votre indépendance financière, en évitant toutes les erreurs des débutants.

MONTER UN BUSINESS INTERNET SANS SITE WEB: LE NOUVEAU SYSTEME COMPLET POUR DEVENIR RICHE SUR INTERNET AVEC SES TEXTES ET VIDEOS EN DEMARRANT DE ZERO, JUSTE AVEC FACEBOOK ET YOUTUBE.

Voici comment monter un business Internet complet sans site web, dès maintenant. Pour devenir riche avec vos contenus, vous ne pouvez pas utiliser les mêmes méthodes que les sites à grosse audience. Alors découvrez tout de suite la nouvelle façon de monter une activité en ligne et devenir riche en partant de zéro, juste avec Facebook et Youtube.

DEVENIR RICHE AVEC UNE PETITE MAILING LIST: LE SYSTEME EMAIL MARKETING COMPLET POUR CONSTRUIRE ET TRANSFORMER UNE MAILING LIST (MEME PETITE) EN POULE AUX OEUFS D'OR.
Un nouveau système email marketing complet qui vous guide pas-à-pas pour construire une mailing list de prospects ciblés en un temps record, et qui vous montre comment extraire un maximum d'argent de n'importe quelle liste, qu'elle soit morte et n'ouvre plus vos emails, ou qu'elle soit très petite.

LA RETRAITE À 30 ANS: COMMENT PRENDRE SA RETRAITE ET ATTEINDRE L'INDEPENDANCE FINANCIERE 4 FOIS PLUS VITE QUE LES AUTRES, VOYAGER, VIVRE SES REVES ET ETRE HEUREUX.
Une méthode qui vous guide pas-à-pas pour prendre votre retraite et arrêter de travailler le plus rapidement possible et 4 fois plus vite ou plus que les autres. Dévorez vite ces informations qui bientôt redeviendront introuvables, et qui vont vous permettre de prendre votre retraite à 30 ans, voyager, vivre vos rêves et être heureux.

**TRAFIC WEB EXTRÊME EN CREANT UN FAUX LIVRE:
COMMENT ECRIRE UN LIVRE INCONTOURNABLE SANS RIEN REDIGER ET PROPULSER SON BLOG, DECUPLER SON TRAFIC INTERNET, EXPLOSER SA MAILING LIST.**

Découvrez comment vous pouvez facilement et rapidement créer un livre qui soit incontournable dans votre thématique sans rien devoir rédiger. Puis, distribuez-le pour faire le buzz, décupler votre trafic et exploser votre mailing list de personnes hyper ciblées. Avec cette technique, certains sont devenus N°1 de leur thématique, pourquoi pas vous?

**TRAFIC WEB EXTRÊME AVEC LES ANNONCES EXPLOSIVES:
30 MINUTES POUR FAIRE LE BUZZ DANS VOTRE THEMATIQUE SUR LES BLOGS, FORUMS, RESEAUX SOCIAUX FACEBOOK, TWITTER ET FAIRE EXPLOSER VOTRE TRAFIC INTERNET.**

Découvrez comment vous pouvez créer un véritable buzz dans votre thématique et obtenir des milliers de visiteurs ciblés en fabriquant une annonce explosive en seulement 30 minutes chrono. Jamais une technique n'aura généré autant de trafic ciblé aussi rapidement et gratuitement.

**VOTRE PREMIER SMIC SUR INTERNET EN 72 HEURES:
LE SYSTEME INEDIT LE PLUS RAPIDE POUR GAGNER DE L'ARGENT SUR INTERNET QUAND ON N'A PAS LE TEMPS ET GENERER 1200 EUROS EN 3 JOURS SANS CREER DE PRODUIT.**

Une méthode inédite pour générer vos premiers 1200 euros en ligne en seulement 3 jours et sans créer de produit. A posséder absolument pour tous ceux qui n'ont plus le temps ou qui ont déjà tout essayé pour gagner de l'argent sur Internet. Cette méthode va tout changer.

DEVENIR RICHE EN FREELANCE SUR LE WEB:
POURQUOI 99% DES INDEPENDANTS ECHOUENT SUR INTERNET ET COMMENT REJOINDRE LES 1% QUI GENERENT DES REVENUS A 6 CHIFFRES.
Un livre que doit posséder absolument tout entrepreneur. Il vous explique comment bâtir votre business en freelance sur le web (ou ailleurs) pour éviter de devenir un indépendant qui croule sous le travail en ne gagnant que des miettes. Découvrez exactement comment s'y prennent les freelances qui cartonnent sans (trop) travailler, et reproduisez le même modèle qui leur permet de générer des revenus à 6 chiffres.

CONTENU DE MASSE POUR VOTRE BLOG:
1 HEURE/JOUR POUR CREER 7 ARTICLES, 5 VIDEOS ET 1 PRODUIT CHAQUE SEMAINE ET CREER UN BLOG D'AUTORITE ULTRA RENTABLE.
Découvrez une méthode radicale et inédite pour devenir un créateur de contenu à 100% et créer 7 articles, 5 vidéos et 1 produit chaque semaine en ne travaillant qu'une heure par jour du Lundi au Vendredi. Commencez immédiatement et voyez votre trafic et vos revenus exploser.

***CREER UN BLOG VIDEO SANS SE RUINER:
LA METHODE COMPLETE POUR CREER UN VLOG PRO (EQUIPEMENT,
DISCOURS, TOURNAGE, MONTAGE, VIDEO, DIFFUSION) SANS SE RUINER.***
Tout ce que vous devez savoir pour créer un blog vidéo de qualité professionnelle le plus facilement possible, même si vous avez peu ou pas de budget. Laissez-vous guider totalement de l'équipement à la diffusion, et voyez des milliers de fans s'agglutiner et vos ventes exploser par vos vidéos irrésistibles.

***CREER UNE LANDING PAGE QUI CONVERTI:
TRIPLEZ VOS VENTES, EXPLOSEZ VOTRE MAILING LIST EN MOINS DE 15
MINUTES AVEC UNE SQUEEZE PAGE OPTIMISEE.***
Une méthode complète pour créer une landing page en partant de rien et obtenir d'entrée de jeu des taux de conversion records à rendre jaloux les meilleurs marketeurs. Evitez les mois de tâtonnements interminables et les centaines d'euros dépensés pour trouver la meilleure version, en prenant ce raccourci tout de suite.

TROUVER UNE NICHE LUCRATIVE SANS SE TROMPER:
LA NOUVELLE DEMARCHE POUR CREER UN BLOG DANS UN MARCHE DE NICHE ULTRA RENTABLE ET DEVENIR RICHE DU 1er COUP.
Tout ce qu'il vous faut pour bien choisir votre marché de niche pour être sûr de réussir, et ne pas commettre les erreurs des débutants qui se retrouvent ruinés au bout de 6 mois ou 1 an car ils ont choisi leur marché de niche en se basant sur les mauvais critères.

TITRES QUI VENDENT:
DANS 47 MINUTES VOUS ECRIREZ DES TITRES FACEBOOK, ADWORDS, BLOG, PAGE DE VENTE, EMAIL COMME UN PRO DU COPYWRITING!
Découvrez les secrets et les 101 meilleurs templates pour créer des titres chocs qui vont vous rapporter (très) gros, et acquérir les compétences des meilleurs copywriters en seulement 47 minutes!

www.ingramcontent.com/pod-product-compliance
Lightning Source LLC
Chambersburg PA
CBHW061200180526
45170CB00002B/892